Helmut Quakernack

Akkordeon -Spaß

mit Melodiebass

Ein fröhlicher Leitfaden zum Erlernen
des Melodiebass-Akkordeon

Band 1

für Knopf- und Piano-Akkordeon

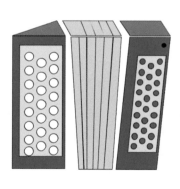
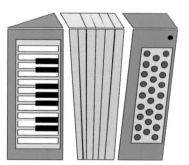

MH 15006
ISMN-M-2029-6172-8

Impressum:

Bestellnummer: MH 15006
ISMN M-2029-6172-8
Illustrationen: Cliparts for You - Comix
CD-ROM Verlag Sonja Schütz, Ulm
© 2004 Hohner Verlag GmbH, Mainz
Printed in Germany

Vorwort

Die vorliegende Schule für Melodiebass-Akkordeon eignet sich für Knopf- und Piano-Akkordeon. Sie ist als Leitfaden zum Erlernen dieses speziellen Akkordeonspiels zu verstehen, bei der beide Hände gleichberechtigt am Melodiespiel beteiligt sind.

Im Vordergrund steht die Vermittlung von Spielfreude ohne Langeweile. Dies wird durch viele bekannte Melodien unterstützt.

In dosierten Schritten werden die AkkordeonschülerInnen behutsam an die unterschiedlichsten Probleme des Akkordeonspiels herangeführt.

Auf theoretische Wissensvermittlung wird im Allgemeinen verzichtet, da die Zielgruppe i. d. R. sehr junge Kinder sind *(die ev. noch nicht einmal lesen können)* und es der Lehrkraft vorbehalten bleiben soll, individuell Hilfestellungen und Erläuterungen zu geben.

Die Lernschritte dieses Unterrichtswerkes sind so konzipiert, dass sie gleichermaßen für Knopf- und Piano-Akkordeon geeignet sind.

Wegen der verschiedenen Instrumententypen wird auf die Angabe von Fingersätzen verzichtet.

Je weniger Vorgaben erfolgen, um so mehr ist eine individuelle Förderung des Einzelnen durch die Lehrerin oder den Lehrer möglich.

Und nun geht's los ...

Viel Spaß !

Helmut Quakernack

Auf den Umschlagseiten befinden sich zwei Schautafeln für Knopf- und Piano-Akkordeon. Griffe und Tonlagen können so genauer erklärt werden.

Knopf- und Piano-Akkordeon

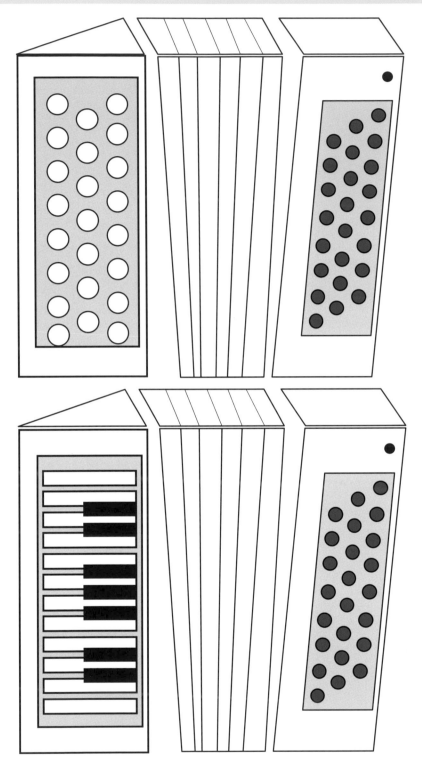

Hast du Lust, sie anzumalen?

Inhalt

Spielstücke

So sieht ein Knopf-Akkordeon aus:

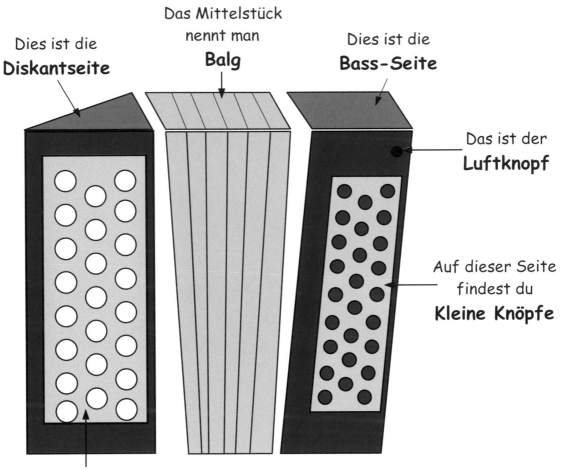

Dies ist die
Diskantseite

Das Mittelstück
nennt man
Balg

Dies ist die
Bass-Seite

Das ist der
Luftknopf

Auf dieser Seite
findest du
Kleine Knöpfe

Hier siehst du
Große Knöpfe

Das Akkordeon wird mit Luft gespielt!
Die Luft ist im Balg. Wenn du ziehst oder drückst und gleichzeitig
einen Knopf, eine Taste drückst, hörst du einen Ton.

. . . und so ein Piano-Akkordeon:

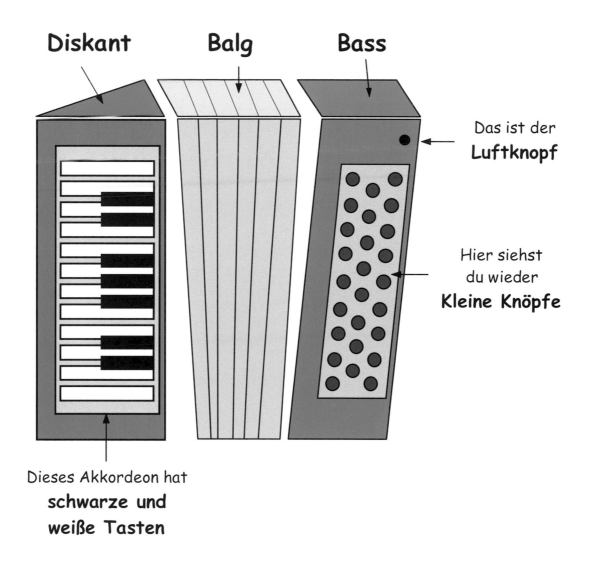

Diskant　　**Balg**　　**Bass**

Das ist der
Luftknopf

Hier siehst
du wieder
Kleine Knöpfe

Dieses Akkordeon hat
**schwarze und
weiße Tasten**

Probiere nun dein Akkordeon aus !
Drücke den Luftknopf und bewege den Balg *(Zug & Druck)*.
Hörst Du ein Rauschen? Das ist die Luft.
Dein Akkordeon atmet.
Jetzt probiere es einmal mit einem Knopf oder einer Taste.
Was hörst du jetzt?　Richtig, einen Ton.
Dein Akkordeon spielt.

H A L L O !

Kannst du schon schreiben oder lesen?
Hier ist Platz für deinen Namen, damit
jeder weiß, wem dieses Heft gehört:

_____

Und so sehen Noten aus:

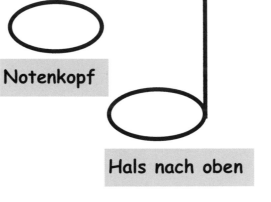

Notenkopf

Hals nach oben

Hals nach unten

Sie stehen auf einer Linie . . .

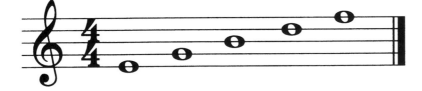

. . . oder zwischen den Linien

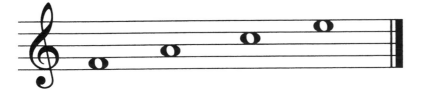

Male Noten

zwischen die Linien:

und auf die Linien:

Hier sind die Noten viel kleiner:

Male wieder zwischen die Linien ...

... und auf die Linien

Das Notensystem

Der Violin-Schlüssel oder G-Schlüssel für hohe Töne

Der Bass-Schlüssel oder F-Schlüssel für tiefe Töne

Unser Notensystem hat 5 Notenlinien

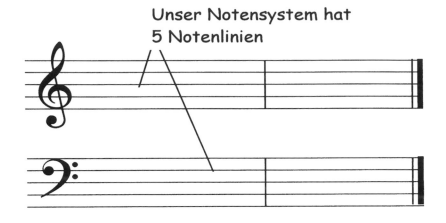

Die Tonlängen

Ganze Noten   Halbe Noten   Viertel Noten

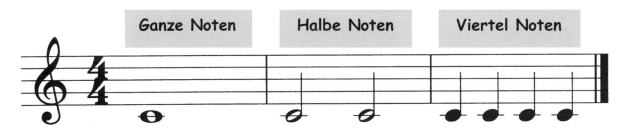

Die Notennamen

C   D   E   F   G   A   H   C

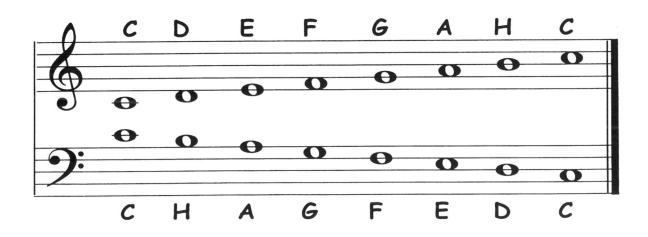

C   H   A   G   F   E   D   C

Die ersten Töne

Spiele die Töne erst nur mit
dem Luftknopf (Zug & Druck).
Der Balg atmet.

Der Violin-Schlüssel

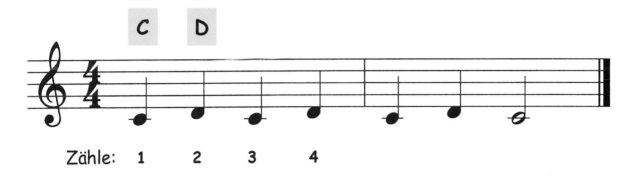

Zähle: 1   2   3   4

Der Bass-Schlüssel

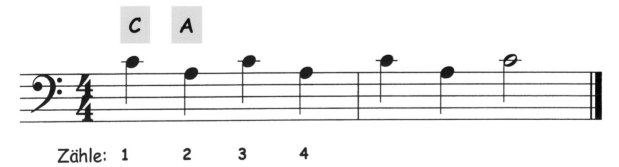

Zähle: 1   2   3   4

Die rechte Hand spielt C D E ...

1

Zähle: 1 2 3

2

3

Zähle: 1 2 3 4

... die linke Hand spielt C A G

1

Zähle: **1 2 3 4**

2

Zähle: **1   2**

3

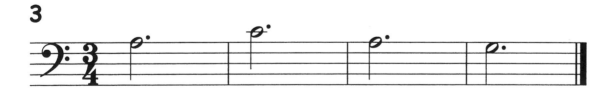

Zähle: **1   2   3**

Links und rechts gemeinsam

Im Kino

H. Q.

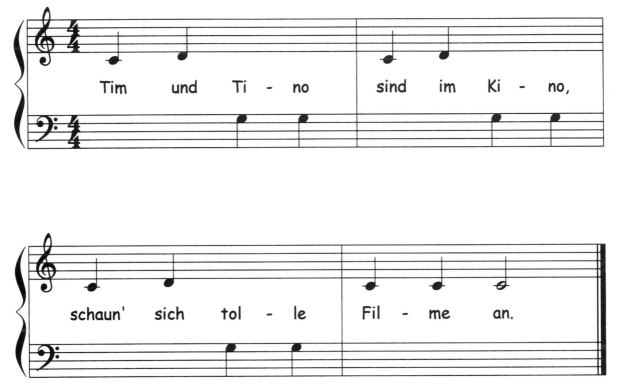

Tim und Ti - no sind im Ki - no,

schaun' sich tol - le Fil - me an.

Begleitstimme

Noten-Memory

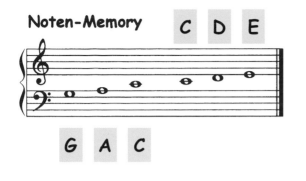

Die Meise

H. Q.

Ei - ne Mei - se   fliegt im Krei - se,

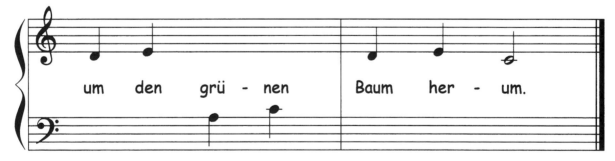

um den grü - nen   Baum her - um.

Begleitstimme

F   Am   F   Am   G   F   G7   C

Im Pinguinland

H. Q.

Pin - gu - i - ne   mö - gens   kalt,

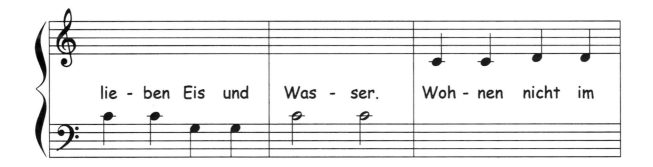

lie - ben Eis und   Was - ser.   Woh - nen nicht im

Blät - ter - wald,   ha - bens   ger - ne   nas - ser.

Erwin backt einen Kuchen

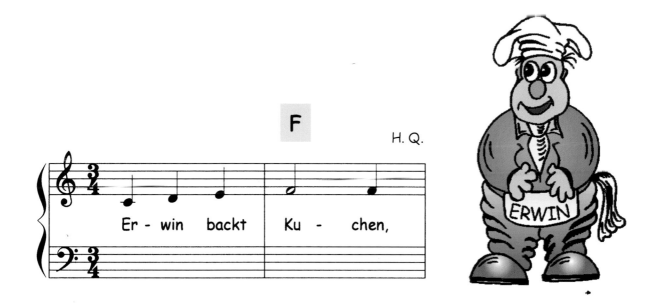

F

H. Q.

Er - win backt Ku - chen,

Mehl muß er su - chen, dann wird der

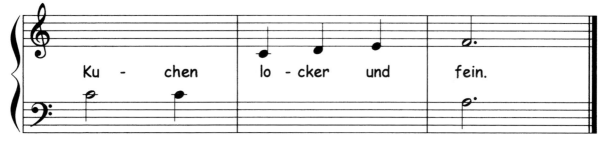

Ku - chen lo - cker und fein.

Eine neue Handlage

Die Töne G und A

Vorübung

Merrily, we roll along

Erstes Unisono-Spiel

Folksong
Satz: H. Q.

Mer - ri - ly, we | roll a - long, | roll a - long, | roll a - long

Mer - ri - ly, we | roll a - long, | rol - ling all the | day.

Spiele dieses Lied erst mit jeder Hand alleine.
Wenn es gut klappt, versuche es auch mit beiden
Händen gemeinsam - auch auswendig!

Die Hand rückt wieder ein Stück weiter.

Der Ton C"

Vorübung

C"

Peter will zur Schule

H. Q.

Pe - ter will zur | Schu - le gehn' | mit'nem gro - ßen | Ran - zen,

möcht' dort vie - le | Kin - der sehn' | und mit ih - nen | tan - zen.

Wer ist Peter?

Weißt du noch, wie diese Töne heißen?

Noten-Memory

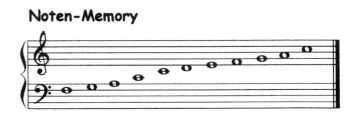

Hup-Konzert

Unterwegs mit Clown Pepe

H. Q.

Doppelgriffe

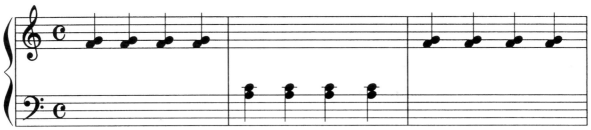

Summ, summ, summ

Kinderlied
Satz: H. Q.

Summ, summ, summ Bien-chen summ her- um.

Ei, wir tun dir nichts zu Lei-de, flieg nur aus in Wald und Hei-de.

Summ, summ, summ, Bien-chen summ her- um.

Begleitstimme

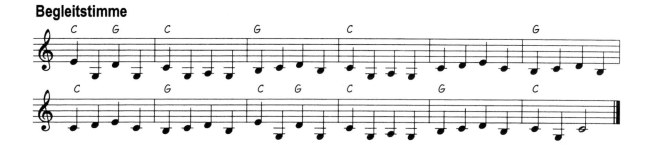

Mach mal Pause

Im Violin-Schlüssel

22

Fingertraining

Die Übungen kannst du auch mit
der linken Hand probieren.

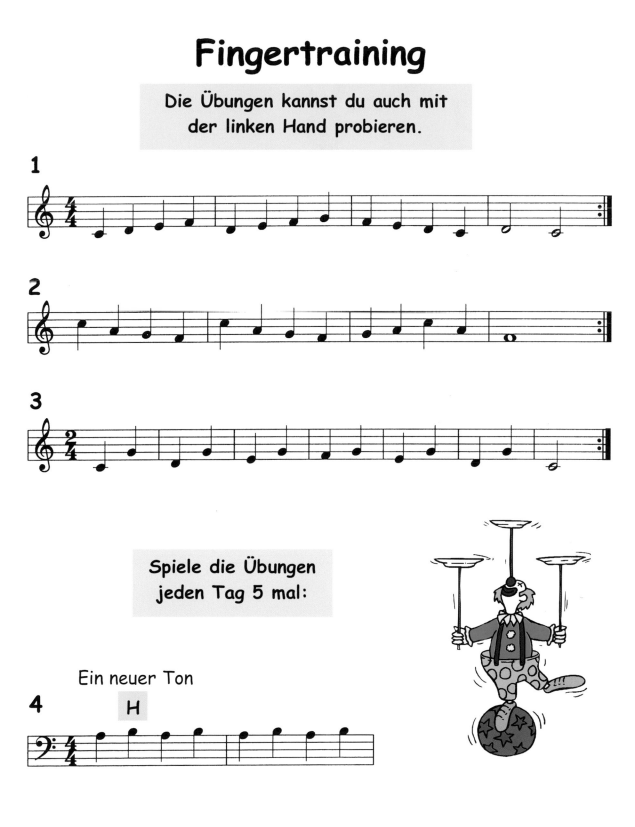

Spiele die Übungen
jeden Tag 5 mal:

Ein neuer Ton

Ringel, Ringel, Reihe

Volksweise

Satz: H. Q.

Rin - gel, Rin - gel, Rei - he, sind der Kin - der

H

drei - e. Lie - gen un - term Hol - der - busch,

ru - fen al - le husch, husch, husch.

Begleitstimme

G   C   G   G   C   G

Yankee Doodle

Amerikanisches Volkslied

Satz: H. Q.

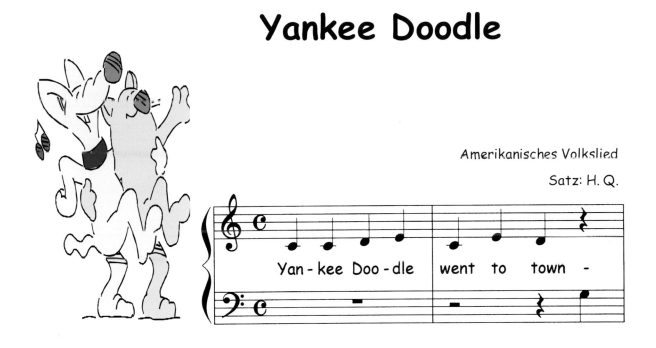

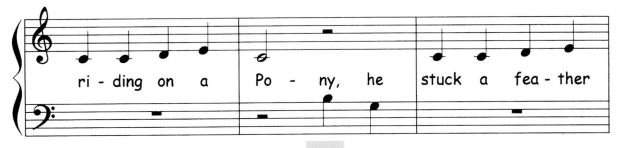

H

Deutsche Übersetzung:
Yankee Doodle kam in die Stadt,
er ritt auf seinem Pony,
er steckte sich eine Feder an den Hut
und nannte sie Makkaroni.

Die Achtelnote

1

Hal - lo,   Ach - tel - ton,   ruf   mich,   kom - me schon.

2 Zähle laut mit:

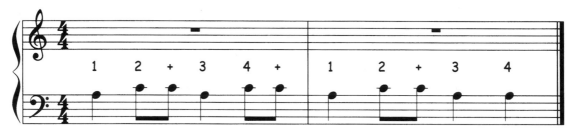

1   2   +   3   4   +   1   2   +   3   4

China-Mann

3 Probiere es mit beiden Händen.

H. Q.

Seilspringen

H. Q.

Schreibe die fehlenden Notennamen hin:

Noten-Memory

C ☐ E ☐ ☐ A ☐

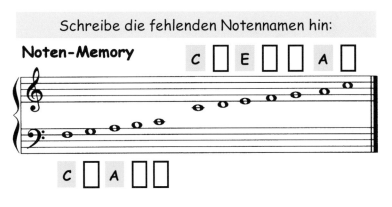

C ☐ A ☐ ☐

Die Schaukel

H. Q.

Laut und leise spielen

Die Dynamik

Forte	= laut spielen	= f
Mezzoforte	= mittellaut spielen	= mf
Piano	= leise spielen	= p

1

2

Crescendo = *lauter werden*　　　decrescendo = *leiser werden*

3 Neue Basstöne

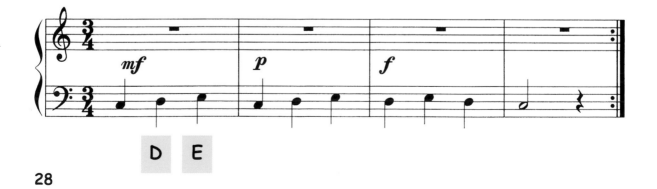

28

Hänsel und Gretel

Volksweise
Satz: H. Q.

f Hän - sel und Gre - tel ver - lie - fen sich im Wald,

p es war so fin - ster und auch so bit - ter kalt. Sie

ka-men an ein Häus - chen von Pfef-fer-ku-chen fein:

f Wer mag der Herr wohl von die-sem Häus-chen sein?

Rate- und Malstunde

Wie heißen die Töne?

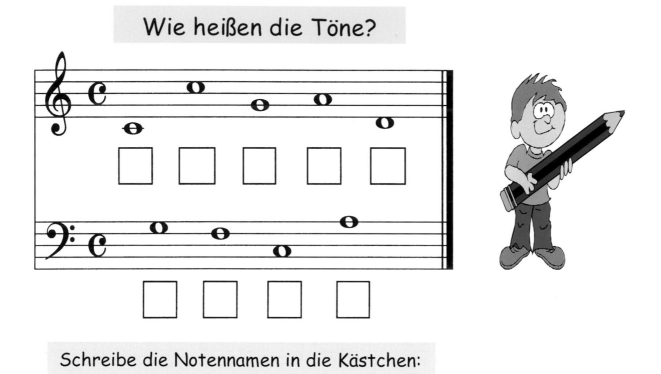

Schreibe die Notennamen in die Kästchen:

Male die Notenschlüssel 5 mal:

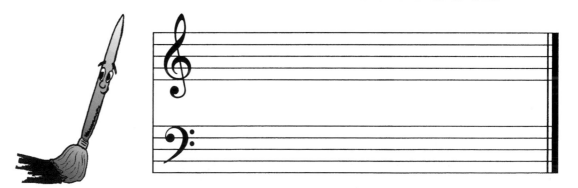

Eine Eisenbahnfahrt

H. Q.

Begleitstimme

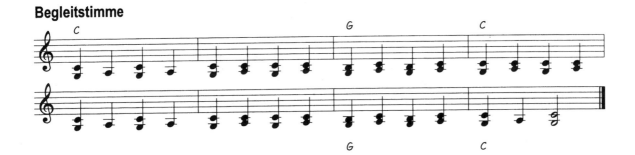

Zwei neue Töne

H'   D"

Schreibe die Namen der Noten auf die Linien:

Fingerwechsel

Ist das Kasper ?

Kasperle ist da

Mündlich überliefert

Tri - tra - tral -la - la,   tri - tra - tral -la - la,

Kas - per   ist schon da,   ist   schon   da.

Kuckuck, kuckuck, ruft's aus dem Wald

Volkslied
Satz: H. Q.

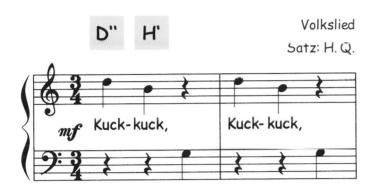

Flinke Fliegen-Krabbel-Beine

Das „Vorzeichen"
H wird zu B

H. Q.

p 1 2 3 4   1 + 2 + 3 + 4 +

B'

B

D'

*Ein Vorzeichen
gilt immer für
den ganzen Takt.*

Pferdchen, lauf Galopp

Der Violinschlüssel in der linken Hand

Kinderlied
Satz: H. Q.

f Hopp hopp hopp, Pferd - chen lauf Ga - lopp,

Bei kleinen Instrumenten
eine Oktave tiefer spielen

ü-ber Stock und ü-ber Stei-ne, a - ber brich dir nicht die Bei - ne,

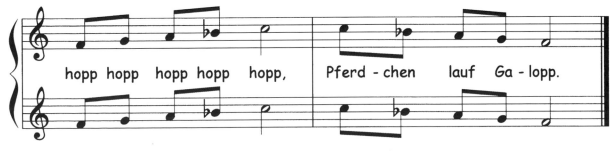

hopp hopp hopp hopp hopp, Pferd - chen lauf Ga - lopp.

Bei Familie Schneemann zu Besuch

H. Q.

G"

Im Trainings-Camp

Spiele die Übung erst sehr langsam
und steigere dann das Tempo.

H. Q.

Eine Fahrradtour

H. Q.

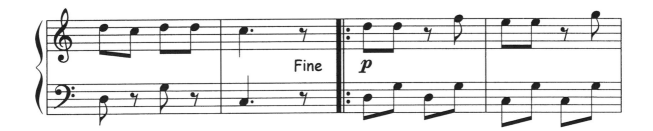

Fine

p

Da Capo al Fine

Da Capo al Fine
Von vorne bis Ende

Die Artikulation
kurz, breit, lang geht's hier voran

Legato	———	= gebunden spielen
Portato	- - - -	= breit spielen
Staccato	. . . .	= kurz spielen

Stolpersteine

H. Q.

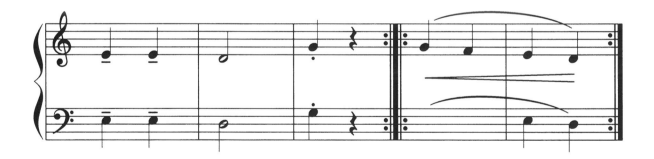

Fermate

Fermate
= *Ruhepunkt*

Die Osterhasenzeit

Portato

H. Q.

Die Spieluhr

Staccato

H. Q.

Mickis Musikband

H. Q.

Legato

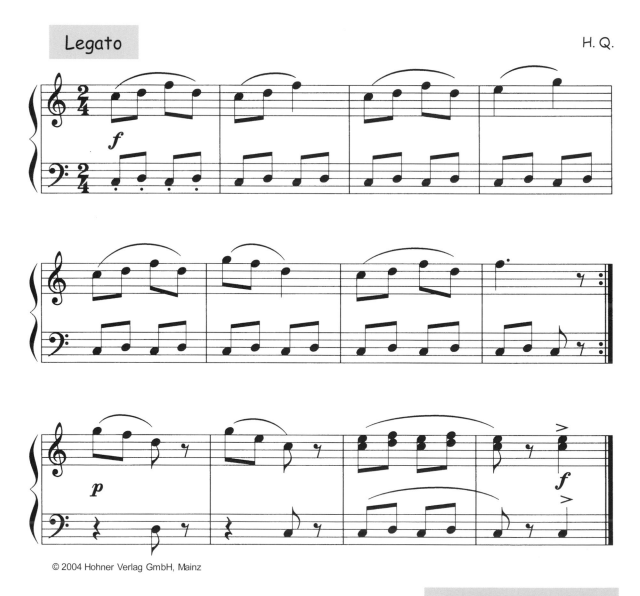

> **Akzent** = *mit Betonung*

sempre staccato
= immer kurz spielen

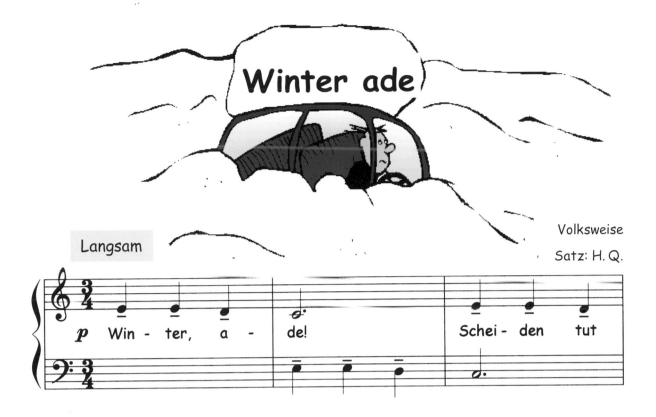

Winter ade

Volksweise
Satz: H. Q.

Langsam

p Win - ter, a - de! Schei - den tut

weh. A - ber dein Schei - den macht,

dass mir das Her - ze lacht. Win - ter, a -

de! Schei - den tut weh.

Trauriges Entlein

Aus F wird Fis

H. Q.

Der Haltebogen

42

Der Würfel rollt

H. Q.

Begleitstimme

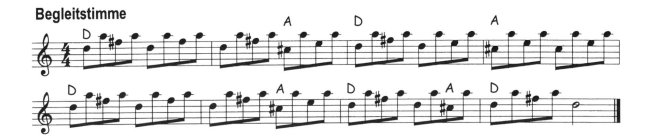

43

Frage- und Antwort-Quiz

Wie heißen diese Noten ?

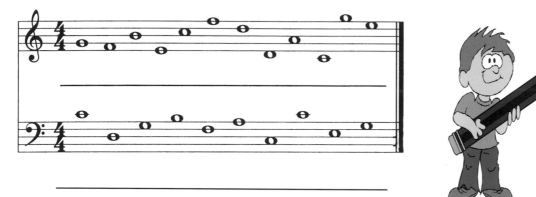

↑ Schreibe die Namen unter die Noten:

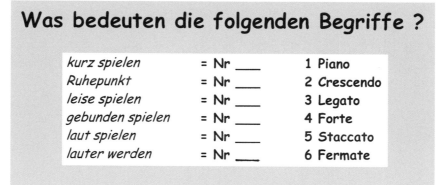

Was bedeuten die folgenden Begriffe ?

kurz spielen	= Nr ___	1 Piano
Ruhepunkt	= Nr ___	2 Crescendo
leise spielen	= Nr ___	3 Legato
gebunden spielen	= Nr ___	4 Forte
laut spielen	= Nr ___	5 Staccato
lauter werden	= Nr ___	6 Fermate

Wieviel Taktschläge hat der Takt?

Schreibe die Taktart:

Schreibe die Melodie noch einmal in das untere Notensystem:

Alle meine Entchen

Einmal etwas anders

Kinderlied

Satz: H. Q.

Freude, schöner Götterfunke

Ludwig van Beethoven
1770 - 1827

Satz: H. Q.

Ergänze im Stück die fehlenden Portato-Striche.

Fuchs, du hast die Gans gestohlen

Kinderlied

Satz: H. Q.

Akkordeon-Spaß

Nach der Melodie von „Dornröschen war ein schönes Kind"

Ein versteckter Auftakt

Satz: H. Q.

Auf Wiedersehen in Band 2